BEI GRIN MACHT SICH IHR WISSEN BEZAHLT

AF151069

- Wir veröffentlichen Ihre Hausarbeit,
  Bachelor- und Masterarbeit

- Ihr eigenes eBook und Buch -
  weltweit in allen wichtigen Shops

- Verdienen Sie an jedem Verkauf

Jetzt bei www.GRIN.com hochladen und kostenlos publizieren

Lars Johannes Nowack

Politische Bildung in der Grundschule

Anhand zweier kompetenzorientierter Entwürfe thematisiert

GRIN Verlag

Bibliografische Information der Deutschen Nationalbibliothek:

Die Deutsche Bibliothek verzeichnet diese Publikation in der Deutschen National-
bibliografie; detaillierte bibliografische Daten sind im Internet über http://dnb.d-
nb.de/ abrufbar.

Dieses Werk sowie alle darin enthaltenen einzelnen Beiträge und Abbildungen
sind urheberrechtlich geschützt. Jede Verwertung, die nicht ausdrücklich vom
Urheberrechtsschutz zugelassen ist, bedarf der vorherigen Zustimmung des Verla-
ges. Das gilt insbesondere für Vervielfältigungen, Bearbeitungen, Übersetzungen,
Mikroverfilmungen, Auswertungen durch Datenbanken und für die Einspeicherung
und Verarbeitung in elektronische Systeme. Alle Rechte, auch die des auszugsweisen
Nachdrucks, der fotomechanischen Wiedergabe (einschließlich Mikrokopie) sowie
der Auswertung durch Datenbanken oder ähnliche Einrichtungen, vorbehalten.

Impressum:

Copyright © 2014 GRIN Verlag GmbH
Druck und Bindung: Books on Demand GmbH, Norderstedt Germany
ISBN: 978-3-656-84684-0

Dieses Buch bei GRIN:

http://www.grin.com/de/e-book/284441/politische-bildung-in-der-grundschule

GRIN - Your knowledge has value

Der GRIN Verlag publiziert seit 1998 wissenschaftliche Arbeiten von Studenten, Hochschullehrern und anderen Akademikern als eBook und gedrucktes Buch. Die Verlagswebsite www.grin.com ist die ideale Plattform zur Veröffentlichung von Hausarbeiten, Abschlussarbeiten, wissenschaftlichen Aufsätzen, Dissertationen und Fachbüchern.

Besuchen Sie uns im Internet:

http://www.grin.com/

http://www.facebook.com/grincom

http://www.twitter.com/grin_com

Universität Vechta

Institut für Sozialwissenschaften und Philosophie

PK -8.1 Didaktik der Politischen Bildung

**Politische Bildung in der Grundschule anhand zweier kompetenzorientierter
Entwürfe thematisiert**

Lars Johannes Nowack

Studienfach: Politik

Studiengang: BA CS

6. Semester

Abgabe: 31.07.2014

Inhalt

1. Einleitung

Innerhalb der Politikdidaktik existiert seit Jahren die Diskussion, inwieweit ein produktiver und ergiebiger Politikunterricht bereits in der Grundschule gestaltet und durchgeführt werden kann sowie die Frage, was als Basis nötig ist, um eine demokratische Bildung zu ermöglichen. Einer der dabei primären Begriffe und als Lösung angesehenes Konzept ist dabei jenes des Kompetenzmodells.

Diese Modelle sollen ermöglichen, dass der als wichtig erachtete Inhalt der Politischen Bildung konkretisiert wird, und zugleich eine didaktische Erklärung darüber schaffen, weshalb das ausgewählte Wissen von Bedeutung sei. Die Schwierigkeit bezüglich dieser Kompetenzmodelle ist diese zu entwickeln und festzulegen, welche Kompetenzen von der jeweilige Schülerschaft, abhängig der Klassenstufe, zu erreichen sind und wie diese letztendlich empirisch überprüfbar seien.

Kompetenzmodelle greifen auf auf Basis- und Fachkonzepte zurück, durch welche sie dargestellt werden können. Eine genauere Erläuterung dieser erfolgt in der folgenden Arbeit. Anzumerken ist jedoch, dass je nach entwickeltem Modell diese Basiskonzepte und Fachkonzepte variieren können.

In der vorliegenden Arbeit werden zwei Kompetenzmodelle näher betrachtet. Bei dem einen handelt es sich um jenes Modell, welches von Dagmar Richter in „Politische Bildung von Anfang an", von 2007, erläutert wird und zum anderen um ein weiteres, welches Richter in Zusammenarbeit mit weiteren Personen 2010 erarbeitet hat und in dem Buch „Konzepte der Politik. Ein Kompetenzmodell.", erschienen bei der Bundeszentrale für politische Bildung, darstellt.

Die Arbeit wird damit beginnen, dass die Grundlagen, welche für solch ein Unterfangen hinsichtlich der Schülerschaft nötig sind, vorgestellt werden. Dabei handelt es sich vorrangig um die politischen Sozialisationsprozessen innerhalb der Kindheit.

Im folgenden der Ausarbeitung werden vorerst die Kompetenzentwürfe beider Arbeiten beschrieben. Bereits an dieser Stelle soll verraten werden, dass eine der in dem Kapitel genannten Kompetenzdimensionen erst im darauffolgenden Kapitel näher erläutert werden wird. Dies geschieht unter der Beachtung der Basis- und Fachkonzepte, mit welchen die ausgelassene Kompetenzdimension im direkten inhaltlichen Kontakt steht.

2. Sozialisationsprozesse und Instanzen des Politischen im Kindesalter

Da die politische Sozialisation letztendlich nur ein Teilaspekt der allgemeinen Sozialisation darstellt, ist es sinnstiftend, sich letzteren vorerst definitorisch zu nähern, bevor ihre politischen Teildimensionen näher betrachtet werden. Laut Dieter Geulen und Klaus Hurellmann, ist diese „der Prozess der Entstehung und Entwicklung der Persönlichkeit in wechselseitiger Abhängigkeit von der gesellschaftlich vermittelten sozialen und materiellen Umwelt."[1] Der Schwerpunkt, beziehungsweise das Ziel, das der politischen Sozialisation zugrunde liegt, ist das Existenzwerden sowie die Entwicklung einer politischen Handlungsfähigkeit und Persönlichkeit, an deren Ende politisch kompetente und kritisch denkende Bürger stehen.[2]

Die politische Sozialisation von Kindern lässt sich in drei Phasen gliedern: Die Primär-, Sekundär- und Tertiärsozialisation. Die Primärsozialisation geschieht in den ersten Lebensjahren und beschränkt sich vornehmlich auf die Familie. In dieser Phase werden durch die Familie als Bezugspunkt erste Werte und Normen vermittelt, welche im fortschreitenden Sozialisationsprozess aber noch verändert werden können. Diese erste Phase ist erst mit der Bildung einer individuellen Grundpersönlichkeit abgeschlossen. Innerhalb dieser Grundpersönlichkeit lassen sich die Dimensionen entdecken, welche der politische Kompetenz ihren Rahmen verleiht.[3]

Ist die Entwicklung einer individuellen Grundpersönlichkeit abgeschlossen, folgt die Sekundärsozialisation als zweite Phase, die schließlich bis zur Adoleszenz reicht. In dieser Phase tritt der Sozialisationsprozess aus dem Elternhaus hinaus und ist von nun an durch den Einfluss von Institutionen, wie der Schule, und durch Gleichaltrige primär beeinflusst. Das Individuum wird in dieser Phase stärker auf seine Rolle innerhalb der Gesellschaft vorbereitet, und Werte und Normen, welche in der Primärsozialisation gelernt wurden, werden stabilisiert und differenziert. Innerhalb dieser sekundären Phase bildet sich schließlich auch die Persönlichkeit aus, welche über die Grundpersönlichkeit hinaus geht, und in welcher sich erstmals

---

1 Geulen , Dieter / Hurellmann , Klaus: Zur Programmatik einer umfassenden Sozialtheorie, in: Klaus Hurellmann/ Dieter Ulrich (Hrsg.): Handbuch der Sozialisationsforschung, Weinheim, 1998, S.51

2 Vgl.: Strohmeier, Gerd: Politik bei Benjamin Blümchen und Bibi Blocksberg, in: Aus Politik und Zeitgeschichte. Sozialisation von Kindern, Bundeszentrale für politische Bildung, 2005, S. 8

3 Vgl.: Ebd.

politische Kenntnisse und Einstellungen entwickeln.[4]

Die dritte und letzte Phase bildet die Tertiärsozialisation, welche an dieser Stelle nicht eingehend betrachtet wird, da diese vornehmlich im Erwachsenenalter geschieht, was lediglich für die Erwachsenbildung wichtig wäre, aber nicht für die politische Bildung im Kindesalter.

3. Die Komptenzorientierung der beiden Entwürfe

In ihrer Arbeit von 2007 kommt Dagmar Richter zu dem Ergebnis, dass der moderne Kompetenzbegriff durch mehrere Begriffe beschrieben werden kann: Wissen, Können, Verstehen, Motivation und schließlich Handeln.[5] Damit wäre zwar der allgemeine Kompetenzbegriff beschrieben, aber keineswegs jener, der speziell für die Politikdidaktik benötigt wird.

Die Problematik war hierbei, dass für die politische Bildung bis vor ein paar Jahren keinerlei Kompetenzstrukturmodelle vorlagen. Eine Ausnahme bildeten die Orientierungshilfen, welche durch den Perspektivrahmen innerhalb des Sachunterrichts existierten.[6]

Doch letztendlich setzten sich bereits bestehende Kompetenzmodelle auch innerhalb der politididaktischen Diskussion durch. Hierbei handelte es sich um jene kompetenzorientierten Dimensionen, die bereits in den naturwissenschaftlichen Fachdidaktiken bestanden und denen ein Transfer auf die Politikdidaktik widerfuhr. Diese Kompetenzdimensionen bestehen aus vier Konstrukten: Dem Fachwissen, der Erkenntnisgewinnung, der Kommunikation und der Bewertung, bzw. Urteilsbildung.[7]

Bereits an dieser Stelle lässt sich erwähnen, dass beide Entwürfe die Kompetenzdimension des Fachwissens als primäre und wichtigste Dimension erachten. Aufgrund dessen kommt es zu einer genaueren Fokussierung, bzw. Betrachtung dieser Dimension erst im folgenden Kapitel, da vorerst die restlichen Kompetenzdimensionen beschrieben werden.

Eine dieser Kompetenzdimensionen ist jene der Erkenntnisgewinnung. Die

---

4   Vgl.: Strohmeier, Gerd: Politik bei Benjamin Blümchen und Bibi Blocksberg, in: Aus Politik und Zeitgeschichte. Sozialisation von Kindern, Bundeszentrale für politische Bildung, 2005, S. 8
5   Vgl.: Richter, Dagmar: Welche politischen Kompetenzen sollen Grundschülerinnen und -schüler erwerben? In: Politische Bildung von Anfang an. Demokratie-Lernen in der Grundschule, Bundeszentrale für politische Bildung, 2007, S. 36
6   Vgl.: Ebd.: S.38
7   Vgl.: Ebd.: S.38

Erkenntnisgewinnung ist eine eher methodenbasierende Vorgehensweise, in welcher verschiedene Methoden den Kindern helfen sollen prozessbezogen Informationen zu gewinnen. Des Weiteren sollen so auch Fertigkeiten und Fähigkeiten entwickelt werden, welche den Kindern Möglichkeiten eröffnen, sich mit Problemstellungen auseinanderzusetzen. Methoden dieser Vorgehensweise wären z.B. das Auswerten von Bildern und Texten oder das Nutzen neuer Informations- und Kommunikationstechniken.[8]

Als eine weitere wichtige Kompetenz nennt Richter in ihrem Entwurf von 2007 die Kommunikation. Hierbei ist als Grundsätzlichkeit zu sagen, dass sich die Kommunikation, wie auch beispielsweise innerhalb des Deutschunterrichts, in verschiedene Gesprächsformen aufgliedern ließe, wie z.b. Diskussionen, Gruppengespräche oder Diskursen. Doch eine zentrale Rolle kommt der Kommunikation innerhalb des Politikunterrichts hinsichtlich der eigenen Meinungsäußerung zu, dessen Ziel es ist, eigene Interessen oder Bedürfnisse Ausdruck zu verleihen und seinen persönlichen Standpunkt auch innerhalb einer Diskussion argumentativ verstärkt zu vertreten.[9]

Neben dieser argumentativen Nutzung der Kommunikation, welche innerhalb unser demokratisch geprägten Gesellschaft, in welcher Diskurse eben so geführt werden, sicherlich von Bedeutung ist, birgt die kompetente Kommunikation auch noch Grundfertigkeiten, die basaler erscheinen. Hierbei handelt es sich primär um das Erschließen von Informationen, welche anschließend sachgemäß dargestellt werden sollen. [10]

Die Kompetenzdimension der Bewertung, bzw. der Urteilsbildung ist die letzte Dimension, die Richter in ihrem 2007rigen Entwurf aufführt. Diese Urteilskompetenz bezüglich politischer Prozesse, welche auf den unsrigen Wertvorstellungen und Normen der Gesellschaft beruhen sollten, nennt Dagmar Richter „das erklärte Ziel allen politischen Lernens"[11]. Allein durch diese Wortwahl wird die Bedeutsamkeit dieser Kompetenz deutlich, die ermöglichen soll, dass politische Urteile unter Gesetzen des Zusammenlebens analysiert und beurteilt werden können.

-4-

---

8 Niedersächsischer Bildungssever: Erkenntnisgewinnung durch Methoden
   http://www.nibis.de/nibis.php?menid=6729
9 Vgl.: Richter, Dagmar: Welche politischen Kompetenzen sollen Grundschülerinnen und -schüler erwerben? In: Politische Bildung von Anfang an. Demokratie-Lernen in der Grundschule, Bundeszentrale für politische Bildung, 2007, S. 48f.
10 Vgl.: Ebd. S. 48
11 Ebd. S. 49

Diese Wahl an Kompetenzen nennt Richter in ihrer Arbeit von 2007. Hinsichtlich der Auswahl an Kompetenzen in der Arbeit, welche nur drei Jahre später erschien, wurde eine Reduzierung von Kompetenzdimensionen vorgenommen. In der sogenannten Politikkompetenz, kommt es zu einer Fokussierung auf die Kompetenzdimension des Fachwissens. In dem folgenden Unterkapitel wird geklärt, weshalb dieser Kompetenz eine solche Zentralisierung zugesprochen wird, und inwieweit sie noch mit der Betrachtung von 2007 noch konform ist.

3.1 Die Kompetenzdimension des Fachwissens und die Basis- und Fachkonzepte

Die Dimension des Fachwissens wird in beiden Entwürfen als wichtig erachtet. Auch sind sich beide Entwürfe darüber einig, dass diese Kompetenz jeweils durch die Basis- und Fachkonzepte dargestellt, bzw. konstruiert werden. Die Ergebnisse der Arbeit von 2010 werden in diesem Abschnitt genauer betrachtet, im Besonderen daher, da das Fachwissen hier als einzige und zentrale Kompetenzdimension fungiert.

Hinsichtlich der Verknüpfung von der Kompetenz Fachwissen und Basis- und Fachkonzepte schreibt Richter in ihrer Ausarbeitung von 2010, dass die Schüler bereits gewisse Fachkonzepte besitzen, welche jedoch teilweise mit Fehlvorstellungen durchdrungen sind. Dieses Vorwissen soll mithilfe fachdidaktisch konstruierter Konzepte hinsichtlich des Wissens der Schüler berichtigt werden. Des Weiteren sollten diese Konzepte in einer Art und Weise ausformuliert sein, dass diese empirisch überprüfbar und stufenspezifisch nutzbar sind.[12]

Das Modell der Fachkonzepte beruht in der Arbeit von 2010 auf dem Prinzip der politischen Grundbildung, die sich hinter dem Begriff Civic Literacy[13] verbirgt. Diese wird in vier Stufen aufgeteilt. Die erste wird unter der nominalen Civic Literacy angeführt und beinhaltet die Nutzung von politischen Termen, die jedoch falsch eingesetzt werden oder faktisch falsch sind. Die zweite Stufe ist jene der

---

12 Vgl.: Weißeno, Georg; Detjen, Joachim; Juchler, Ingo; Massing, Peter; Richter, Dagmar: Konzepte der Politik. Ein Kompetenzmodell. 2010. Bundeszentrale für politische Bildung. S.18

13 „*Civic Literacy* is the knowledge of how to actively participate and initiate change in your community and the greater society. It is the foundation by which a democratic society functions: Citizen Power as a check and as a means to create avenues for peaceful change." Siehe: http://www.urbanagenda.wayne.edu/whatiscl.htm

Funktionalität, funktionale Civic Literacy genannt, in der Begriffe und Faktenwissen bereits korrekt genutzt werden können. Nach dieser folgt die konzeptuelle, oder prozedurale Stufe, die bereits ein Verständnis zentraler politischer Konzepte und Ideen beschreibt, in denen bereits Beziehungen zwischen Begriffen und Prinzipien ermittelt werden können. Die letzte Stufe ist die multidimensionale Civic Literacy. In dieser vierten Stufe, bzw. Phase soll bereits ein Verständnis für Besonderheiten des politischen Denkens hinsichtlich wirtschaftlicher, sozialer oder kultureller Zusammenhänge möglich sein.[14]

Eine Wissensdomäne, wie die Politik beruht auf einer ganz eigenen Strukturierung ihres Wissens und ist dabei gewissen domäneabhängigen internen Regeln sowie Prinzipien unterlegen und wird gleichzeitig durch eigene Konzepte und Modelle präsentiert. Für den Schulunterricht und dessen Bildungsstandards bedeutet dies eine zentrale Fokussierung auf die Kernbereiche der jeweiligen Lernbereiche. Für das Fachwissen hinsichtlich eines solchen Lernbereichs heißt dies, eine Konzentration auf Basiskonzepte (grundlegende Begriffe) und das zu diesen zugeordnete Grundlagenwissen (Fachkonzepte). Die Fachkonzepte dienen hierbei einer Strukturierung des Lernangebotes.[15]

Richter unterscheidet hier dennoch zwischen dem Faktenwissen und dem konzeptuellen Wissen, obwohl das faktische Wissen in das konzeptuelle Wissen integriert ist. Das konzeptuelle Wissen kategorisiert hierbei Merkmale und Kennzeichen einer Thematik in semantischen Netzen und Schemata, welche der jeweiligen Schülerschaft ermöglichen soll politisch korrekte Lösungen erahnen zu können, obwohl sie zuvor noch keine Erfahrungen bezüglich einer bestimmten Situation gemacht haben. Richter nennt hier als Beispiel, dass Schüler durch das Fachkonzept der Wahlen in der Lage seien, Wahlabläufe und Ergebnisse in anderen Ländern abzuschätzen, obwohl ihnen keine detaillierten Kenntnisse über den Fall vorliegen. Doch so werden Ordnungsschemata der Politik vermittelt, die ein Verstehen, und einen reflektierten Gebrauch ermöglichen.[16]

Nachdem die Struktur der Kompetenzdimension bezüglich des Faktenwissens nun genauer erläutert wurde, ist es nun möglich, eine genauere Betrachtung der Basiskonzepte und Fachkonzepte zu tätigen. Dies erfolgt primär auf der Nutzung

---

14 Vgl.: Weißeno, Georg; Detjen, Joachim; Juchler, Ingo; Massing, Peter; Richter, Dagmar: Konzepte der Politik. Ein Kompetenzmodell. 2010. Bundeszentrale für politische Bildung. S. 19
15 Vgl.: Ebd. S.20
16 Vgl.: Ebd. S.21

der Arbeit aus dem Jahre 2007, da diese einen, im Vergleich zur Arbeit von 2010, weniger differenzierten, dem Umfang der Arbeit gerechter werdenden Blick auf die Basiskonzepte gestattet.

Laut Richter kommt es durch die Basis- und Fachkonzepte zu einer strukturierten Vernetzung von Begriffen, Modellvorstellungen und Theorien, welche genutzt werden können, um die grundlegende Systematik eines Faches, in unserem Falle die Politik, von zentralen Phänomenen und Prozessen darzustellen. Dies geschieht durch eine Rekonstruktion, indem der Schülerschaft Ausschnitte aus aus dem Fach aufgezeigt werden.[17]

Basiskonzepte besitzen hinsichtlich des Unterrichts wichtige Funktionen. So werden die geforderten Erkenntnisse auf eine minimale Zahl reduziert. Dies geschieht, indem diese Aspekte und Gesetzmäßigkeiten zugeordnet werden. Durch die Fokussierung auf die relevanten Aspekte einer Thematik ist es nicht nur möglich, den Schülern einen leichteren Zugang zu ermöglichen, sondern es ist ebenfalls möglich, die Inhalte und Ziele des Unterrichts genau zu beschreiben. Diese fokussierte Erfassung der Unterrichtsziele ermöglicht es, die für den jeweiligen Unterricht geforderten Kompetenzen exakt zu erfassen und diese gegebenenfalls an das Niveau der Klasse anzupassen. Des weiteren wird so das Einordnen des gegebenen Vorwissen der Schüler kategorisiert. Ebenfalls wichtig ist es, die Basiskonzepte innerhalb eines vernetzten Lernens zu nutzen. Daher sollten die Thematiken nicht getrennt voneinander betrachtet werden, sondern durch die Basiskonzepte miteinander verknüpft werden.[18]

Besonders in der Grundschule sollten das Lernen phänomenorient erfolgen. Gleichzeitig ist es für ein fortschreitendes Lernen wichtig, dass die Basiskonzepte für die Schülerschaft mit jeder Einheit an Komplexität gewinnen, was dennoch eine Wiederholung einzelner Basiskonzepte bedeutet. Doch genau diese öfteren Wiederholungen sollen dazu führen, dass die Schüler bezüglich Abstraktion und Rekonkretisierung geschult werden und ein kritisches Denken entwickeln, was die Schaffung kognitiver Denkstrukturen positiv beeinflusst.[19]

Doch welche grundlegenden Basiskonzepte sind überhaupt existent und sollten für den Unterricht beachtet werden? Hinsichtlich dieser Frage wird ebenfalls die Arbeit

---

17 Vgl.: Richter, Dagmar: Welche politischen Kompetenzen sollen Grundschülerinnen und -schüler erwerben? In: Politische Bildung von Anfang an. Demokratie-Lernen in der Grundschule, Bundeszentrale für politische Bildung, 2007, S. 39
18 Vgl.: Ebd. S. 39f.
19 Vgl.: Ebd. S. 40

Richters von 2007 herangezogen, welche vier verschiedene Konzepte anführt. Die Entscheidung, die ältere Arbeit als Grundlage dessen zu nutzen, basiert auf der simplen Tatsache, dass diese überschaubare Anzahl an Konzepten anbietet. Die spätere Arbeit übersteigt die Anzahl von vier Basiskonzepten bei weitem. Daher sollten die nun folgenden vier vorgestellten Konzepte eher als ein exemplarischer Auszug verstanden werden.

Das erste Basiskonzept, welches genannt wird, ist jenes der Autorität und Macht. Da es sich hierbei um ein zentrales politisches Konzept handelt, sollte es, wenn möglich, in der Grundschule thematisiert werden. Bei Macht und Autorität handelt es sich um ein Konstrukt, welches sich in einer dreistelligen Relation beschreiben lässt. Es wirkt in einem bestimmten Gebiet, geht von einem Machthaber aus und ist auf Subjekte gerichtet. Der Machthaber kann seine Machtstellung auf mehrere Wege erreichen. Dies kann durch den Aspekt der Macht geschehen, was durch eine gewisse Position oder Stärke abhängig ist. Die zweite Möglichkeit ist die Sachkompetenz, durch welche der Machthabende seine Stellung aufgrund einer Expertise erlangt, so dass man von einer epistemischen Autorität sprechen kann. Als letzter Weg der Machterlangung ist die Möglichkeit des Charakters zu nennen. Hierbei erfolgt aufgrund von Charisma, den Einfluss durch die eigene Person auf andere, die Befähigung der Machtergreifung.[20]

Richter arbeitet für den den Begriff der politischen Macht im politischen Unterricht gewisse Aspekte heraus, welche die Schüler letztendlich kennen sollten und stützt sich dabei auf das amerikanische Teilcurriculum, der „Foundation of Democracy". Die Schüler sollen die folgenden Befähigung besitzen, bzw. erlernen: Erkennen, wer über wen bestimmt, erlernen, wie man innerhalb einer Gruppe zu gemeinsamen Entscheidungen kommt und das Macht delegiert und kontrolliert werden muss. Des Weiteren sollten die Schüler befähigt werden, unwichtige Entscheidungen von wichtigen zu unterscheiden, die Unterschiede der Begriffe Legislative und Exekutive kennenlernen und verstehen, dass die Interessen der Mächtigen sich nicht unbedingt mit denen der Abhängigen decken müssen.[21]

Als nächstes Basiskonzept führt Richter das des Privaten und Öffentlichen an und stützt sich hinsichtlich dieses Punkten abermals auf ein US-Teilcurriculum, welches

---

20 Vgl.: Richter, Dagmar: Welche politischen Kompetenzen sollen Grundschülerinnen und -schüler erwerben? In: Politische Bildung von Anfang an. Demokratie-Lernen in der Grundschule, Bundeszentrale für politische Bildung, 2007, S. 41
21 Vgl.: Ebd. S. 42f.

unter dem Begriff „Pricacy" steht. In diesem wird zwischen dem intim abgrenzbaren privaten Nahraum, wie der Familie, und der Öffentlichkeit unterschieden. Die Schüler müssen erkennen, dass sich politische Prozesse, daher das Politische, sich immer in öffentlicher Auseinandersetzung, zwischen verschiedenen Parteien und öffentlich agierenden Gruppen bewegt. Das Nicht-Politische hingegen findet in privater oder familiärer Beziehung statt. Politik kann daher nur in einem öffentlichen Raum stattfinden.[22]

Ein weiteres Konzept ist jenes der Repräsentation, welches das Konzept der repräsentativen Demokratie erläutern soll, in welchen gewählte Repräsentanten das Interesse der Wähler vertreten sollen. Dieses politische Konzept ließe sich innerhalb der Schule exemplarisch anhand eines Klassensprechers konkretisieren, welcher eine gewisse Verantwortung durch das Amt, für welches er gewählt wurde, besitzt und seine Aufgaben gewissenhaft ausüben sollte. Denn schon anhand dieses Beispiels lässt sich erkennen, dass eine Tätigkeit gegebenenfalls kontrolliert und sanktioniert werden kann.[23]

Das letzte Basiskonzept, das Richter nennt, ist das des Gemeinwohls. Gemeinwohl manifestiert sich durch das Prinzip der Gerechtigkeit, welches auf der Norm von Grundrechten aufbaut, die eine gesellschaftliche Ordnung ermöglichen sollen. Über das Prinzip der gesellschaftlichen Ordnung sollen die Schüler den Zusammenhang zwischen Ordnungen, Regeln und Gesetzen hinsichtlich einer gesellschaftlichen Struktur erfahren, welche für das Prinzip des Gemeinwohl aller wichtig ist. Dabei sollen die Schüler erkennen, dass diese Regelungen von Menschen gemacht sind und ebenso auch wieder aufgelöst werden können, dass solche Regelungen meist von wenigen für viele, wenn nicht sogar alle gemacht wurden und das die Setzung dieser Regeln auch das Durchsetzen subjektiver Interessen sein kann.[24]

Abschließend ist abermals zu erwähnen, dass diese hier genannten Basiskonzepte von Richter lediglich einen exemplarischen Status haben. Ebenso wäre es möglich weitere Basiskonzepte zu bestimmen. In der Ausarbeitung von 2010 werden so zum Beispiel noch die Demokratie, der Sozialstaat oder auch das Konzept des Friedens als Konzepte genannt.[25]

---

22 Vgl.: Richter, Dagmar: Welche politischen Kompetenzen sollen Grundschülerinnen und -schüler erwerben? In: Politische Bildung von Anfang an. Demokratie-Lernen in der Grundschule, Bundeszentrale für politische Bildung, 2007, S. 43f.
23 Vgl.: Ebd. S.44
24 Vgl.: Ebd. S.44f.
25 Vgl.: Weißeno, Georg; Detjen, Joachim; Juchler, Ingo; Massing, Peter; Richter, Dagmar: Konzepte der Politik. Ein Kompetenzmodell. 2010. Bundeszentrale für politische Bildung. S. 5f

Abgeschlossen wird diese Arbeit nun noch mit einem Fazit hinsichtlich der Thematik und einer kurzen sowie prägnanten Betrachtung der eigentlichen Vorteile des kompetenzorientierten Ansatzes und der Basis- und Fachkonzepte.

4. Ein Fazit und die Vorteile des kompetenzorientierten Ansatzes

In dem angedeuteten Vergleich der beiden Entwürfe lässt sich erkennen, dass beide von dem gleichen Grundsatz ausgehen und lediglich unterschiedliche Gewichtungen hinsichtlich der Kompetenzdimensionen und der Betrachtung der Basiskonzepte machen, wie bereits erwähnt.

Doch statt die vorliegende Arbeit nochmals innerhalb ihrer Struktur Revue passieren zu lassen, wird diese Stelle genutzt, um einen letzten Überblick auf die Vorteile des kompetenzorientierten Ansatzes aufzuzeigen.

Der größte Vorteil dieses Ansatzes besteht darin, dass er es ermöglicht, dass die jeweiligen Lernaufgaben relativ leicht zu konstruieren sind, was auf die Basis- und Fachkonzepte zurückzuführen ist. Des weiteren sollen die Konzepte es schaffen, dass die Schüler nicht nur Modelle und Schemata auswendig lernen, sondern diese inhaltlich verstehen und auf zukünftige Aufgaben anwenden können. Dies wird dadurch verstärkt, dass im Unterricht eben solche Lernaufgaben gestellt werden, die es schaffen diese Kompetenzen anzuregen. Dies heißt für die Aufgaben, dass diese nur dann als geeignet erscheinen, wenn diese konkrete Aussagen zu den Konzepten machen. Ein weiterer Vorteil ist, dass solche Aufgaben anhand von tagespolitischen Geschehnissen thematisiert werden können.[26] Dies beinhaltet also einen direkten Einbezug der Wahrnehmungswelt der Kinder, welche keineswegs von politischen Themen, welche weltweit geschehen, ausgeschlossen sind oder diese nicht mitverfolgen, wenn auch unbewusst.

---

26 Vgl.: Weißeno, Georg; Detjen, Joachim; Juchler, Ingo; Massing, Peter; Richter, Dagmar: Konzepte der Politik. Ein Kompetenzmodell. 2010. Bundeszentrale für politische Bildung. S. 22

5. Literaturverzeichnis

Aus Politik und Zeitgeschichte. Sozialisation von Kindern, Bundeszentrale für politische Bildung, 2005

Hurrellmann, Klaus/ Ulrich, Dieter (Hrsg.): Handbuch der Sozialisationsforschung, Weinheim, Beltz 1998

Richter, Dagmar: Politische Bildung von Anfang an. Demokratie-Lernen in der Grundschule, Bundeszentrale für politische Bildung, 2007

Weißeno, Georg; Detjen, Joachim; Juchler, Ingo; Massing, Peter; Richter, Dagmar: Konzepte der Politik. Ein Kompetenzmodell. 2010. Bundeszentrale für politische Bildung.

Internetquellen:

Niedersächsischer Bildungssever: Erkenntnisgewinnung durch Methoden http://www.nibis.de/nibis.php?menid=6729 (Letzter Aufruf: 31.07.2014)

Urban Agenda: What is Civic Literacy?. http://www.urbanagenda.wayne.edu/whatiscl.htm (Letzter Aufruf: 31.07.2014)